LES CAHIERS DE DOLÉANCES
DE L'ISLE-JOURDAIN ET DU VIGEAN
EN 1789
Par M. BOISSONNADE

Parmi les communautés du département actuel de la Vienne qui comparurent en 1789 au siège royal du Dorat, figurent celles de l'Isle-Jourdain et du Vigean.

L'Isle-Jourdain, qui est aujourd'hui un chef-lieu de canton de l'arrondissement de Montmorillon et qui avait été pourvue de ce titre dès 1790, possédait avant la Révolution la qualité de *ville* et de chef-lieu de châtellenie. Mentionnée dès 1087 dans un acte du cartulaire Saint-Cyprien de Poitiers, elle avait été fondée près du château dans une île de la Vienne et avait pris vraisemblablement le nom de son premier seigneur (1). En 1746, un pont de onze arches jeté sur la rivière facilitait l'accès de l'Isle-Jourdain (2). Son château, dit de Calais, l'une des vieilles forteresses des comtes de la Marche, était le chef-lieu d'une des quatre anciennes châtellenies et baronnies de la Basse-Marche. Son ressort s'étendait jusqu'au lieu de la Graillière, près de Chauvigny ; il comprenait les paroisses de l'Isle-Jourdain, d'Adriers, d'Asnières, de Luchapt, de Millac, de Moussac, de Mouterre, du Vigean, sans compter celles qui appartenaient à la châtellenie de Lussac-les-Châteaux. Outre cette dernière châtellenie, celles de la Messelière, du Vigean et de la Tour aux Cognons relevaient du château de Calais, dont on voyait encore les débris consistant en une vieille tour, près de l'église de l'Isle-Jourdain, au temps de

---

(1) Mémoire sur les enclaves de la Basse-Marche (anonyme XVIIIᵉ s.), *Bibl. Munic. de Poitiers*, Mss. dom Fonteneau, LXVI, f° 697.
(2) *Bibl. de Poitiers*, Mss. n° 315.

Robert du Dorat (1ʳᵉ moitié du xvıı° siècle) (1). Le marquisat de l'Isle-Jourdain, qualifié ainsi à la fin du xvı° siècle, était dans la mouvance de la baronnie de Calais (2). Dès le xvı° siècle, l'Isle-Jourdain relevait du siège royal du Dorat, dont la justice, d'après le lieutenant général Robert, aurait d'abord été ambulatoire. Le siège royal avait été fixé définitivement, pour une partie de la Basse-Marche, au Dorat par édits de janvier 1561 et de février 1572 (3). Mais au point de vue des divisions ecclésiastiques, l'Isle-Jourdain appartenait au diocèse de Poitiers. Son prieuré-cure de Saint-Gervais et Saint-Protais était à la collation de l'abbé de Lesterps, et se trouvait sous la juridiction de l'archiprêtre de Lussac-le-Château (4). Une communauté religieuse, celle des Carmes de Mortemart, avait la seigneurie d'une partie de la ville de l'Isle-Jourdain, qui formait une châtellenie particulière (5).

Au point de vue administratif, l'Isle-Jourdain relevait de la généralité de Poitiers. Au xv° siècle, elle faisait partie de l'élection de Poitiers où elle payait de taille, en 1479, 174 l. 10 s., en 1480, 123 l., en 1488, 13 l. 10 s. (6). Par édit du 15 mars 1639, elle fut rattachée de même que le Vigean à l'élection de Bellac formée d'un certain nombre de paroisses distraites des élections du Blanc, de Poitiers et de Limoges (7). Elle appartint ensuite à l'élection de Confolens, constituée en juillet 1714, et y resta jusqu'à la Révolution.

Un état non daté publié par Dugast-Matifeux lui attribue 109 feux, tandis que le Vigean en aurait compté 234 (8). Un autre état alphabétique des paroisses du Poitou qui, par l'aspect de l'écriture, semble avoir été composé dans la seconde moitié du xvıı° siècle indique que la seigneurie de cette ville était alors en la possession de la marquise de l'Isle, que cette communauté comptait

---

(1) Mss. Fonteneau, XXIV, 117, 161 ; reconnaissance du château de Calais, 117, 1525, *Ibid.*, f° 188.
(2) Rédet, *Diction. topogr. de la Vienne*, 213.
(3) Copie de ces édits aux Arch. Nat. Bᴬ 38.
(4) Pouillé du diocèse de Poitiers par R. de Beauvallon, 1782, in-4°. — Mss de Robert du Dorat, xvıı° siècle, *Coll. Fonteneau*, XXIX, f° 331.
(5) Rédet, 213.
(6) Rôles des tailles en Poitou, p.p. la Boutetière, *Bull. Soc. Antiq. Ouest*, 2° série, II, 218.
(7) Mss. de Robert du Dorat, *Coll. Fonteneau*, XXIX, f° 225.
(8) *Etat du Poitou sous Louis XIV*, in-8°, 1865, p. 502.

91 feux, qu'elle avait 15 foires par an (1), et que son terrain se divisait en 18 boisselées de prés, 19 de terres labourables, 174 de vignes et 1 de pacage seulement (2). L'Almanach provincial du Poitou pour 1763 (3) indique que le poids des mesures à grains particulières de l'Isle-Jourdain était pour le froment de 35 l., pour l'avoine de 24 l., pour le seigle de 44 l. ; le boisseau de Poitiers pesait pour le froment 21 l., pour le seigle 17 l. et pour l'avoine 12 l. (4).

Moins importante que l'Isle-Jourdain, la paroisse du Vigean, depuis 1790, est une commune du canton dont l'autre communauté détient le chef-lieu. Elle n'était qualifiée que du nom de *bourg* au XVIII° siècle (5), bien qu'elle eût au début de cette période plus d'habitants que sa voisine, à savoir 234 feux. Mentionné aussi vers 1100 dans le cartulaire de l'abbaye Saint-Cyprien, dominé par un château qui devint le siège d'une châtellenie appelée baronnie en 1618 et marquisat en 1659, le Vigean relevait féodalement de la baronnie de Calais ; les Carmes de Mortemart y avaient, comme à l'Isle-Jourdain, une partie de la seigneurie. Cette paroisse avait suivi les vicissitudes de la ville dont elle était une dépendance féodale. Elle relevait de la sénéchaussée du Dorat au point de vue judiciaire, du diocèse de Poitiers et de l'archiprêtré de Lussac au point de vue ecclésiastique. Son prieuré-cure, sous le vocable de Saint-Georges, était à la collation de l'abbé de Lesterps. Enfin, au point de vue administratif, le Vigean avait tour à tour appartenu, sans cesser de faire partie de la généralité de Poitiers, aux élections de Poitiers, de Bellac et de Confolens. Vers le milieu du XVIII° siècle, cette communauté comptait 267 feux. Elle avait pour seigneur M. des Fors. On y recensait 82 charrues ou exploitations rurales. Elle faisait le commerce du bétail ; son terroir était surtout planté en vignes. Elle recueillait principalement du seigle, peu de froment ; deux foires annuelles lui avaient été accordées (6).

(1) La principale était celle du 22 mai, jour de « Madame Sainte Quitère ».
(2) Carte alphabétique du Poitou (XVIII°), *Arch. Soc. Antiq. Ouest, Fonds Bonsergent, Mélanges*, n° 8.
(3) Imprimé par Jean Faulcon.
(4) Etat P.p. D. Matifeux, p. 502.
(5) Mêmes sources que ci-dessus.
(6) Lettre de Feydeau au garde des Sceaux, 27 juin 1789 ; et observ. du lieut.

Au moment où les assemblées primaires furent convoquées (février 1789), on était si peu certain de l'étendue du ressort de chaque sénéchaussée que les lieutenants généraux de ces sièges, essayant d'empiéter les uns sur les autres, purent s'accuser réciproquement d'usurpation. A Poitiers, on se plaignait que le lieutenant-général du Dorat eût « fait signifier les actes de la convo-
« cation aux paroisses de Charroux, Asnois, la Chapelle-Bâton et
« Mauprévoir, qui de temps immémorial dépendaient de la séné-
« chaussée » de Poitou. Au Dorat, le lieutenant-général s'indignait de ce que « la sénéchaussée de Poitiers cherchait tous les moyens
« pour usurper les justices des baronnies de Charroux, Rochemeau,
« Mauprévoir, Saint-Secondin à celle de la Basse-Marche. Il est
« notoire, ajoutait-il, que lesdites justices ont toujours fait partie
« du comté de la Basse-Marche, lequel comté est réuni à la cou-
« ronne et n'a jamais dépendu de la sénéchaussée de Poitiers (1). »
Dès le XVIIᵉ siècle, Robert du Dorat accusait la sénéchaussée de Montmorillon, créée sous François Iᵉʳ (1545), d'avoir enlevé sans droit au siège royal de la Basse-Marche la châtellenie de Lussac-les-Châteaux, partie des juridictions de Persac, de Grues et de Sillars, ainsi que le comté de Mortemart, dépendances, prétendait-il, de l'Isle-Jourdain (2). Au milieu de ces conflits, certaines communautés tranchèrent le différend en ne comparaissant nulle part, par exemple Gajoubert, qui fut appelée à la fois à Montmorillon et au Dorat, et qui ne répondit pas à l'appel. Certaines, comme Mézières, convoquées en 3 sénéchaussées, comparurent dans deux différentes, à Montmorillon et à Bellac, et négligèrent la 3ᵉ, le Dorat. D'autres enfin, optèrent pour la comparution au siège d'une sénéchaussée et firent défaut au chef-lieu de la sénéchaussée voisine. Ainsi, l'Isle-Jourdain comparut au Dorat, et s'abstint de comparaître à Montmorillon, où on l'avait cependant assignée. Il en fut de même du Vigean. Toutes deux figurèrent parmi les 79 villes paroisses, ou communautés qui se firent représenter au chef-lieu de la Basse-Marche.

gén. du Dorat, 1789, Arch. Nat. Bᴀ 38 ; A. Brette les a signalées dans son *Rec. de Doc. rel. à la conv. des Etats Gén.*, III, 614.
(1) Mss. Robert du Dorat, *Coll. Fonteneau*, XXIX, f° 107.
(2) A. Brette a indiqué ces détails de la comparution, *op. cit.*, II, 610.

Ce sont les cahiers de doléances dont les députés étaient porteurs et qui ont été conservés aux Archives de la Vienne que nous publions ci-dessous. On y remarquera le caractère presque exclusivement économique des vœux qui y furent émis. Ce caractère leur est commun avec ceux qu'émirent la plupart des autres communautés du Poitou dont les cahiers ont été conservés. Il semble bien que les préoccupations d'ordre politique aient tenu peu de place dans les doléances des paysans poitevins ; ce sont des revendications d'ordre économique et social qui les ont avant tout ralliés à la cause de la Révolution.

I

Cahier de doléances de la communauté de l'Isle-Jourdain

[*Arch. dép. Vienne*, E⁶, 1, 8 f⁰ˢ, orig. mss.]

Aujourd'hui, troisième du mois de mars mil sept cent quatre vingt neuf, sur les dix heures du matin, pardevant nous Jean Joseph Patharin de la Ganne, avocat en Parlement, juge sénéchal civil, criminel et de police du marquisat de Lisle Jourdain, ressort de la Sénéchaussée de la Basse Marche du Dorat, étant dans la salle ordinaire de la municipalité de la paroisse de Saint-Gervais et Saint-Protais dudit lieu de Lisle Jourdain, étant assisté de Mᵉ Louis Bonneau, greffier de la Municipalité, aux fins de rédiger les présentes en exécution de la lettre du Roi pour la tenüe des états généraux, du règlement rendu en conséquence pour l'exécution des ordres de convocation en date du vingt quatre janvier dernier, et de l'ordonnance de M. le Sénéchal d'épée de la Basse Marche du dix neuf février aussi dernier, le tout lu et publié au prône de la messe paroissiale du dit lieu de Lisle Jourdain, le premier de ce mois, par Mᵉ François Martin Deshoullier, prieur curé, et d'abondant à l'issue de la dite messe, publié et affiché à la porte de l'église, par le syndic de la municipalité ; et le tout ainsi observé, il a été d'après et immédiatement convoqué et tenüe une assemblée préliminaire entre les habitants de la dite paroisse, lors de laquelle il a été arrêté qu'ils s'assembleraient ce jourd'hui au présent lieu et heure, pardevant nous juge susdit, aux fins ci après, et, où d'effet, ils se sont présentés précédés du syndic et membres de la municipalité, pour dresser et rédiger avec le plus de précision et de clarté qu'il sera possible les cahiers de doléances et propositions que la position des dits habitants inspire, puisqu'ils sont assez heureux de pouvoir espérer que leurs justes plaintes et réclamations parviendront enfin jusqu'aux pieds du trône, notre auguste monarque ayant permis à tous ses sujets de les lui faire parvenir par la voie des députés, dont sa bonté paternelle veut bien accueillir les suffrages pour les besoins de l'Etat, la réforme des abus, l'établissement d'un ordre fixe et durable dans toutes les parties de l'administration, la prospérité générale du royaume et le bien de tous et de chacun des sujets de Sa Majesté, étant là les expressions flatteuses de ses sentiments pour le bonheur et la tranquillité de ses peuples, qui ne cesseront d'être pénétrés de la plus vive reconnaissance et d'adresser leurs vœux au Ciel pour obtenir de l'Etre suprême, qu'il accorde au meilleur de tous les Rois, le règne le plus heureux, le plus long, le plus calme et le plus tranquille, s'en étant toujours rendu digne par les plus hautes et les plus pures actions.

En conséquence, les dits habitans désirant jouir de la liberté qui leur a été accordée par Sa Majesté de lui adresser les plaintes et doléances qui donnent lieu à leur réclamation, ils ont unanimement déclaré :

1° Que leur fidélité pour leur Roi est sans borne ; qu'ils sont les mieux disposés à concourir de tous leurs pouvoirs au besoin de l'Etat, suivant que les circonstances l'exigeront ;

2° Qu'en joignant leurs déclarations à celles dont ils sont persuadés que les autres municipalités s'occupent dans ce moment, ils supplient très respectueusement Sa Majesté, que les différentes provinces soumises à sa domination continuent d'être administrées par leurs assemblées provinciales ou Etats provinciaux ;

3° Que les impositions, soit tailles, travaux publics et autres à la charge des sujets, soient convertis dans un impôt également réparti sur les trois Ordres, en proportion des facultés de chaque individu, étant tout naturel que ceux qui ont le plus de biens payent plus d'impositions, les uns comme les autres étant les fidèles sujets de Sa Majesté ;

4° Que les droits d'entrée, don gratuit et inventaire des vins qui se ramassent et consomment dans la dite paroisse de Lisle Jourdain soient supprimés, ainsi que le droit du pied fourchu, attendu que le bourg de Lisle Jourdain ne forme pas un ensemble de quatre vingts maisons, n'y ayant ni commerce ni ressources pour s'assurer la subsistance. Que de dix foires qui se tiennent par an, il n'y en a que six qui soient passablement bonnes ; que le seul revenu qu'elles procurent dans l'endroit est le médiocre débit de quelques barriques de vin qui est l'unique récolte qui s'y ramasse, n'y ayant d'autres domaines à cultiver, ne pouvant non plus tirer d'autre parti des terres que celui d'y planter et entretenir des vignes, parce que outre qu'elles ne sont pas propres à autre culture, c'est qu'il est nécessaire d'avoir de l'engrais à très gros frais, ne s'y tenant ni bestiaux et n'y ayant aucun pâturage, de manière que ce seul objet de vin, ne présente pas au cultivateur le plus petit avantage assuré, puisqu'il est obligé après toutes les façons données à ses vignes, ce qu'il ne fait qu'à gros frais, ainsi que ceux qui sont obligés de le faire faire par journaliers, de sortir de l'endroit aussitôt les beaux jours venus pour aller travailler dans les pays éloignés, afin de ramasser de quoi subsister et pour lui et pour sa famille pendant la majeure partie de l'année ;

Que quelque médiocre que soit cette unique récolte, les habitants ont encore le désagrément de la perdre presque en entier, leur vin n'étant point de nature ni qualité à se garder jusqu'après le printemps, auraient-ils, ce qu'ils n'ont point, les facultés suffisantes pour cela faire ; d'ailleurs ils sont empêchés d'en faire faire le transport à cause des droits excessifs qu'il faudrait nécessairement acquitter pour passer la ligne des traites foraines qui est à une lieue de là, étant certain que l'on exige au moins dix livres par barrique, ce qui équivaut année commune à la moitié de la valeur du dit vin et empêche par conséquent tous les malheureux qui n'ont pourtant d'autre ressource pour subsister, de vendre cette denrée, ce qui a engagé très souvent les habitants à réclamer contre des droits aussi exorbitans, sans qu'on aie daigné les écouter quoiqu'il y ait dans le royaume différents endroits beaucoup plus considérables qui annoncent au moins d'anciennes villes, qui ont bien su se soustraire à pareils droits.

Lisle Jourdain est un vrai bourg, le fait est certain, et outre la perception dont on vient de parler, il s'en fait encore une autre qui n'est pas moins inique, c'est celle que l'on qualifie de droit d'inventaire à cause des boissons, comme pour le vin pur. Les boissons ne sont cependant faites qu'avec de l'eau que l'on jette sur le marc après que tout le vin est sorti du tonneau; ce qui est retiré jusqu'à trois fois. Ce n'est donc qu'une eau teinte servant à désaltérer le malheureux, lorsqu'il travaille dans ses vignes, afin de se procurer la première et meilleure liqueur pour avoir du pain, et pour subvenir surtout à l'acquittement des impositions dont il est écrasé, sans quoi il est contraint par les voies les plus rigoureuses et les plus inhumaines, et souvent il ne peut plus se dégager sans avoir gémi cent et cent fois au milieu de sa famille, avant de pouvoir recevoir le moindre secours;

5° Que les traites soient supprimées, ou au moins, en les laissant subsister, que tous passages et commerce soient libres dans l'intérieur du royaume; à cet effet que l'exercice en soit renvoyé sur les frontières, étant très extraordinaire que des voisins qui peuvent se voir, se parler, étant également sujets du même prince, soient, relativement aux droits perçus par les traites, réputés étrangers; étant d'ailleurs démontré qu'il n'en résulterait qu'un avantage pour Sa Majesté, dès qu'il est certain que le produit de la majeure partie des bureaux établis est à peine suffisant pour payer les salaires des préposés à la perception, et que d'un autre côté ces mêmes préposés, qui seraient autant de sujets pour le service de Sa Majesté dans des cas de nécessité, ne sont que de vrais êtres oisifs, si indigents eux-mêmes qu'il ne serait pas étonnant qu'il s'en trouvât beaucoup disposés à prévariquer;

6° Que, eu égard à l'état d'indigence et peu de ressource où est réduit Lisle Jourdain, n'ayant pour tout avantage que les foires dont on vient de parler, et attendu qu'elles donnent lieu à différents marchés, soit de ventes et achats qui très souvent aussi occasionnent des demandes et actions entre le vendeur et l'acquéreur; dans ce cas, pour tenir lieu d'un certain dédommagement pour Lisle Jourdain, les dits habitants supplient très humblement Sa Majesté et aussy les États Généraux qui doivent résoudre et décider en faveur du peuple, d'accorder au juge du marquisat de Lisle Jourdain et à tous les juges des seigneurs indistinctement le pouvoir de juger seuls par corps toutes les causes consulaires et en dernier ressort, jusqu'à la somme de cinq cent livres, pour raison des marchés faits dans l'étendue de leurs justices, et aussi, en matière ordinaire, toutes les causes personnelles en dernier ressort jusqu'à la somme de 40 L. Étant évident que de tout ceci qu'il en résultera un avantage réel pour les parties plaidantes : 1° parce que Lisle Jourdain et autres juridictions voisines sont à cinq et six lieues des sièges royaux où sont établies les cours consulaires, où les parties sont obligées d'aller à gros frais, et où il faut qu'elles se transportent également pour les procès qu'elles ont pour causes ordinaires en cas d'appel, ce qui arrive très communément, puisqu'elles ne sont jamais jugées en dernier ressort par les juges de premières instances ; 2° parce qu'il est d'ailleurs certain qu'il est un nombre infini de plaideurs qui n'ont d'autre passion que celle de la chicane et pour lesquels il n'y a jamais assez de degrés de juridictions, pour y traduire ceux envers qui ils sont condamnés, ce qui donne lieu à des déboursés considérables et engage souvent un plaideur à consommer ce qu'il a, et souvent ce qu'il n'a pas, par là se conduit lui-même infailliblement à sa ruine, se met sans pain, ainsi que sa famille : les exemples ne sont pas peu fréquents ;

7° Qu'il est dans tous les cas de l'intérêt des sujets de Sa Majesté que dans chaque ville capitale d'une généralité il y ait un conseil supérieur établi pour juger tous procès tant civils que criminels. Cette proposition est si juste et elle doit d'autant mieux être adoptée qu'un tel établissement a toujours été regardé comme très avantageux pour le peuple ; il est entré bien souvent dans les vues bienfaisantes de nos souverains, et plusieurs d'entre eux en sont même venus à l'exécution, par cette raison toute légitime, qu'ils ont voulu éviter à leurs sujets le désagrement de s'éloigner de leurs familles, d'abandonner entièrement toutes les affaires de leurs maisons pour aller à très gros frais solliciter une décision sur les questions qu'ils sont obligés de soutenir, et souvent exposés à s'en retourner sans avoir pu obtenir justice, ce qui est fort désagréable pour des malheureux qui croient pouvoir se persuader avoir mis leur affaire en état de recevoir règlement, et qui souvent sont obligés de recommencer de nouveau à faire les mêmes voyages, les mêmes déboursés, comme s'ils n'avaient jamais rien fait. Ce qui n'est pas peu intéressant, puisque non seulement les facultés s'altèrent, mais encore elles s'épuisent entièrement; le bon droit devient impuissant, le mauvais en profite, les propriétés s'éclipsent, il n'est plus possible d'y faire statuer; le procès reste au crochet; et voilà de quelle manière toutes questions se terminent.

Ces motifs sont assez puissants sans doute pour que les habitants de Lisle Jourdain demandent avec autant d'instance que d'empressement l'établissement en la ville de Poitiers d'un Conseil supérieur, pour éviter grands et désastreux inconvénients dont ils viennent de s'expliquer;

8° Qu'il est également de l'avantage de tous ceux qui sont obligés d'avoir des procès dans les bailliages et sièges royaux, de désirer d'y être jugés en dernier ressort jusqu'à la somme de 500 fr., parce que ces tribunaux ne sont composés ordinairement que de magistrats lumineux et intègres. Les habitants de Lisle Jourdain croyent devoir rendre cet hommage à ceux qui composent le siège royal du Dorat d'où relève leur justice, et ils sont persuadés que l'on aura égard à leur réclamation;

9° Que la suppression des receveurs généraux des finances, des vérificateurs des vingtièmes, et de tous privilégiés exerçant différents emplois, serait un remède efficace pour le bien et le soulagement des sujets; parce qu'enfin il serait tout aussi expédient pour eux que l'on établit, pour ce qui concerne la fonction des premiers, un receveur particulier dans chaque ville où il y aurait un bureau intermédiaire, qui verserait directement dans le trésor royal les deniers provenant des impositions. Et pour ce qui regarde les derniers il n'en faudrait nullement, en ce qu'il suffirait pour l'avantage des contribuables d'accorder aux municipalités, dans l'ordre et suivant la méthode qu'elles ont été établies, la faculté de fixer et d'imposer toutes espèces d'impositions, ce qui s'exécutera aussi sûrement, puisqu'il paraît déjà que ce sont là les intentions de notre auguste monarque;

10° Qu'il est un droit établi par la Coutume du Poitou, à l'empire de laquelle les habitants de Lisle Jourdain sont soumis, que l'on ne doit pas qualifier seulement de droit exorbitant mais au contraire d'un droit totalement contraire à la liberté naturelle dont doivent jouir tous les François, et comme tel méritant suppression. Ce droit est celui de la contrainte au four et au moulin dont parlent plusieurs articles de cette Coutume qui caractérisent autant de points de vexation, car qu'en résulte-t-il? D'abord au regard du moulin, que les meuniers qui se croient autorisés à l'exercer vexent impunément les sujets, et si ceux-ci leur adressent quelquefois des plaintes, comme souvent ils y sont fondés eu égard aux torts qu'on leur fait éprouver, ils reçoivent pour réponse des menaces, que si ils quittent les dits moulins, ils supporteront des frais qui ne feraient qu'ajouter à leurs pertes ; ce qui est arrivé mille et mille fois. Dans cette funeste position, les habitants de Lisle Jourdain asservis à une loi aussi tyrannique demandent avec instance la suppression de ce prétendu droit de contrainte, car si ils étaient assez heureux de pouvoir donner leurs grains à moudre à quel meunier ils jugeraient à propos, il arriverait de là que les meuniers seraient plus circonspects, plus fidèles qu'ils ne l'ont jamais été, qu'enfin ils s'attacheraient à se faire des pratiques et à se les conserver ; ils en auraient beaucoup plus qu'en faisant usage de la contrainte.

Il en est de même du fournier, lequel prend d'abord un droit exorbitant sur la pâte qu'on est obligé de porter à son four; il ne fait point cuire le pain, voulant épargner le chauffage ; par ce moyen, il tombe en pure perte pour les sujets qui n'en n'ont point de besoin ; ceux-ci n'osent s'en plaindre, et encore moins changer ; car il serait comme pour le meunier; ce qui fait qu'à tous égards les suppliants ne sont pas moins privés d'objets qui sont de première nécessité, ce qui les fait espérer que l'on ne laissera pas subsister un droit aussi onéreux, qu'il est contraire aux intérêts et à la liberté des sujets, et que Sa Majesté, sans cesse occupée à leur procurer un bien-être, jettera un coup d'œil sur ce point de réclamation qui est un des plus intéressants pour eux ;

11° Qu'il est encore un droit établi par plusieurs Coutumes, celui des lods et ventes que perçoivent les seigneurs dans la mouvance desquels il se fait des acquisitions, qui mérite suppression, ou au moins, étant exorbitant dans la Coutume du Poitou, puisqu'il est fixé à la sixième partie du prix de l'acquisition, au lieu que dans la Coutume de Paris il est fixé à la douzième seulement, ce qui fait croire qu'il doit être réglé sur le même pied de cette dernière Coutume, dans le cas où on jugerait que ce droit ne peut être supprimé, ce que l'on ne devrait cependant pas décider ainsi, parce que premièrement, en considérant les choses dans leur principe, lorsque les seigneurs ou propriétaires de biens fonds les ont concédés à titre de vente, ils ne l'ont fait qu'à la charge et moyennant une redevance annuelle qui était proportionnée au revenu aussi annuel que l'on pouvait retirer de ces mêmes biens fonds, sans faire entrer pour rien dans les aliénations le casuel que pourraient en garder les lods et ventes en cas de mutation; et en second lieu, qu'il n'est nullement nécessaire en Poitou de saisie, nantissement ou mise de fait de la part du seigneur, pour que l'acquéreur prenne possession des objets qu'il acquiert. D'ailleurs aucune faveur, aucun privilège ne sont attachés à ce droit de lods et ventes duquel on ne peut plus faire la réclamation après trente ans; mais malgré toutes ces raisons bien déterminantes pour opérer la suppression d'un tel droit, ne jugerait-t-on pas nécessaire de dégager les acquéreurs d'une telle obligation envers les seigneurs, dans ce cas les habitants de Lisle Jourdain estiment judicieusement qu'il serait un point de légitimité à établir sur cet article, ce serait celui d'imposer à tous seigneurs qui ne le seraient que d'une partie du domaine transporté, l'obligation, dans le cas où ils voudraient exercer la retenue féodale; car il n'est que trop commun de voir des seigneurs, ou par passion, ou par pure envie de nuire à des acquéreurs, ou en se prêtant aux vues d'un tiers à l'instigation duquel ils se laissent conduire, céder souvent leurs droits en paraissant agir pour eux personnellement, retirer ce qui est dans leur mouvance, et souvent les objets qui s'y trouvent forment ce que l'on appelle l'âme du domaine, comme maisons, granges, prés, ou autres objets les plus intéressants, ce qui fait qu'il ne reste plus à l'acquéreur qu'un vestige, un démembrement qui lui devient à charge et souvent en pure perte, ce qui le dégoûte entièrement et lui ôte toute envie d'acquérir ce qui parconséquent interrompt et porte un préjudice notable au commerce et au transport des biens fonds qui se multiplieraient à l'infini sans l'existence d'une pareille entrave ;

12° Que l'abolition du droit de franc fief serait un des plus grands soulagements que recevrait la province du Poitou. Les motifs de son établissement n'existent plus, et d'ailleurs ce droit, qui fait une démarcation si humiliante pour le Tiers Etat qui possède des biens nobles, est exigé avec une tyrannie incroyable. Non seulement une année du revenu ne suffit pas, il en faut deux et même plus quelques fois, pour acquitter le principal droit et les dix sols pour livre ; et lorsque le domaine n'est pas en ferme, l'estimation du revenu est à l'arbitraire des préposés à la recette de ce droit. Ces vexations et celles qui s'exercent dans la partie des domaines et contrôle par l'extension exorbitante que l'on donne à ces droits doivent faire faire tous les efforts possibles pour solliciter la suppression du droit de franc fief et de la modération dans les droits des domaines et contrôle. Pourquoi les habitants observent que, dans le cas où les finances de Sa Majesté ne le permettraient pas, qu'il soit commué dans un impôt également supportable par les trois Ordres ; d'ailleurs il suffit de le désirer, pour que les deux premiers n'y répugnent sûrement pas, l'exemple de la majeure partie des provinces de ce royaume les y engage, ainsi que leurs propres sentiments ;

13° Qu'il est inconcevable pourquoi on n'a pas laissé subsister les mesures, suivant qu'elles ont été réglées par l'arrêt des Grands Jours, étant certain que l'on constate journellement des abus très préjudiciables aux sujets. Dans ce cas, qu'il est de la justice d'obliger tous les propriétaires et fermiers de rapporter et représenter leurs mesures pour être étalonnées sur les ceps des seigneurs, et que ceux-ci sont obligés d'avoir en leurs seigneureries ; qu'à cet effet les procureurs fiscaux de leurs justices soient exacts à tenir la main pour l'exécution de ce qui leur sera prescrit à cet égard ;

14° Qu'il serait également de la justice de proroger le délai fixé par l'édit de 1771 concernant les hypothèques, attendu que plusieurs créanciers légitimes sont souvent privés de ce qui leur est dû par leurs débiteurs, non pas à défaut par eux d'être surveillants afin que ces derniers n'aliènent pas les objets qui leur sont hypothéqués, mais plutôt à cause de l'éloignement de leurs domiciles des différents sièges où les contrats sont déposés, soit à cause de l'absence des créanciers pour autres affaires qui les appellent ailleurs, ce qui est de la plus dangereuse conséquence ;

15° Que la Nation entière est révoltée de l'établissement ou création des jurés priseurs qui sont la plupart des êtres absolument incapables de remplir la moindre fonction, n'étant jamais sortis de la campagne, et qui cependant, en vertu de leur titre, exigent que des officiers publics comme notaires et autres les appellent à tous les inventaires et ventes qui se font dans leur ressort. Il est cependant des inventaires et ventes de très grande conséquence, dans lesquels les intérêts des parties intéressées se trouvent compromis à défaut d'une capacité suffisante dans le juré priseur dont les connaissances ne peuvent s'étendre sur tout. Etablissement qui constitue même les parties en gros frais ; s'il se fait des ventes judiciaires loin du domicile du juré priseur, l'huissier n'y vaque point qu'au préalable il n'ait mis le juré priseur en demeure de venir la faire en lui donnant assignation à cet effet, ce qui donne lieu à des transports de dix et douze lieues ; ce qui est arrivé ainsi sous les yeux des habitants réclamants ; et ne serait-t-il pas plus naturel que, lorsque des familles sont dans le cas de faire inventaire et vente, il fût en leur pouvoir, en leur liberté, de se choisir des experts qui seraient capables d'opérer et d'apprécier, sans être obligés de recevoir pour appréciateur un seul être qui n'en sait pas plus que l'enfant qui est au berceau. D'où il résulte nécessairement qu'il est très intéressant que pareils offices soient supprimés ;

16° Que l'établissement de la Régie générale est encore une charge considérable pour l'Etat, un abus dont l'énormité ne peut permettre qu'on le passe sous silence. Personne n'ignore, et tout le monde se ressent cruellement de tout le poids qu'occasionnent les gros appointements attribués aux préposés pour le recouvrement du produit des aides, ce qui fait que la justice et la raison concluent à la suppression de ce même établissement ;

17° Qu'il serait d'une nécessité indispensable de rétablir à Lisle-Jourdain la brigade de maréchaussée qu'on y avait placée il y a douze à quinze ans, parce que cette maréchaussée ferait comme autrefois la correspondance avec toutes les brigades des villes de Montmorillon, Le Dorat, Confolens et Poitiers, qui sont à distance de cinq, six et dix lieues de Lisle Jourdain. Il en résulterait encore un autre avantage à cause des foires qui tiennent dans ce dernier lieu, et aussi des assemblées qui se composent dans les environs : celui de faire contenir les vagabonds et les libertins, empêcher très souvent des querelles qui deviennent fréquentes et sérieuses, enfin maintenir la paix et le bon ordre dans tout le canton ;

18° Que rien au monde ne serait plus utile que la reconstruction des différents petits ponts placés près de Lisle Jourdain, afin de faciliter les allants et venants qui ont des affaires aux foires qui s'y tiennent, n'étant pas possible, si peu que les petites rivières qui y passent soient gonflées, d'entreprendre d'y passer, ce qui porte un tort considérable à Lisle Jourdain ; et comme cet endroit n'est pas en état de frayer à des réparations semblables, les habitants demandent à l'État les secours qui leur sont nécessaires à cet égard.

Les habitants de Lisle Jourdain laissent maintenant à ceux plus instruits qu'eux le soin de former, non pas des réclamations plus justes que celles que l'on vient d'établir, mais plus étudiées, sur le bien général du royaume, ayant cru devoir se fixer à s'occuper des abus qui pèsent particulièrement sur leur communauté, qui supporte depuis longtemps des impositions de toutes espèces, et toutes exagérées, eu égard aux facultés dont ils jouissent ; ce qui leur fait espérer, dès qu'ils sont assurés que leurs vœux et leurs réclamations seront écoutés, qu'ils éprouveront, comme tous fidèles sujets doivent l'espérer, la reconnaissance qui en est toujours la suite.

C'est dans cette confiance que les habitants de Lisle Jourdain se sont soussignés, avec nous juge syndic, et notre greffier, à l'exception de ceux qui ont déclaré ne savoir signer, de ce dûment enquis suivant l'ordonnance.

DE BONNIFARDIÈRE, sindic de la municipalité. VILLENEUVE.
BOISSONNET.
LAVERGNE.   PATHARIN DE LAGANNE.
DESHOULIÈRE, fils.   BONNEAU, greffier.
De plus, 3 signatures illisibles.

II

Cahier de doléances de la paroisse du Vigean

[Archives dép. Vienne, E⁶ 6, 8 f⁰⁵, orig. mss].

Aujourd'hui premier jour du mois de mars 1789, nous, M⁰ Blaise Dussar, notaire du marquisat du Vigean, par l'absence de M. le Juge sénéchal ordinaire de la justice du Vigean, en conséquence de la lettre du Roi pour la tenue des États Généraux, du règlement par lui fait pour l'exécution des ordres de convocation du 24 janvier dernier et de l'ordonnance de M. le Sénéchal d'épée de la Basse Marche, du dix neuf février dernier, dont lecture en a été faite par Messire Jean Gaujoux, premier curé de cette paroisse à son prône d'aujourd'huy, et de suite publié et affiché par le syndic à la porte de l'église à l'issue de la messe; l'assemblée de paroisse tenue d'après convoquée à cet effet de la manière accoutumée, lors de laquelle il a été arrêté que les habitants de cette communauté s'assembleraient aujourd'hui neuf heures du matin, en la salle ordinaire de la municipalitté, en exécution duquel arrêté, nous étant transporté en la salle sur l'heure, se sont présentés le syndic, greffier et autres membres de la municipalité et autres habitants, de laquelle nous faisons partie, pour rédiger, au désir du règlement, le cahier des plaintes et doléances qu'il a plu à Sa Majesté permettre de lui adresser, et nommer des députés pour porter le cahier au bailliage royal du Dorat, le onze du courant, jour fixé par l'ordonnance;

Les habitans assemblés, pénétrés de la reconnaissance des bontés paternelles de Sa Majesté envers son peuple, qui veut bien lui permettre de lui adresser ses vœux, plaintes et doléances, ont unanimement rédigé leur cahier, de la manière qu'il suit :

1° Ils osent supplier Sa Majesté de vouloir recevoir leurs vœux qui ont uniquement pour but un règne long, heureux et paisible pour la tranquillité de ses sujets;

2° Qu'ils sont disposés à concourir de tout leur pouvoir aux besoins de l'État; qu'ils osent assurer qu'il n'est aucuns des sujets de Sa Majesté qui lui soient plus respectueusement dévoués qu'eux ;

3° Qu'ils demandent que l'administration provinciale soit continuée ;

4° Que les deux autres Ordres du royaume soit tenus, ainsi qu'eux, de contribuer comme eux et dans la même proportion à toutes les impositions établies et à établir, sous quelle dénomination elles puissent être mises ;

5° Observe cette communauté qu'elle habite un endroit qui forme environ deux cent quatre vingts maisons, la majeure partie qu'elles sont de vraies baraques, dont la majeure partie occupées par des mendiants qui sont à la charge des autres habitants, qui composent par ce moyen environ trois cents feux, y ayant des maisons qui en font plusieurs ; qu'il n'y a aucun commerce dans l'endroit qu'une foire, quoi qu'il y en ait plusieurs qui soient censées tenues ;

Que la majeure partie est en landes et bruyères, ce qui occasionne que le pays est très rare en blés et privé d'avoir des fourrages ; que le principal objet du peu de blé qui s'y récolte est que seigle et avoine ; que le principal revenu de l'endroit est en vin, mais non pas en abondance, et de très faible qualité, qui se récolte que le long d'un côteau situé sur la rivière de Vienne ; en majeure partie il y a beaucoup de roches qu'il n'est pas possible de détruire par leur grosseur ; duquel vin on ne tire presque jamais parti par l'exploitation des vignes qui est très coûteuse. Le canton ne consomme point le vin qui s'y fabrique, même dans les années communes. L'excédant tombe presque en perte, puisqu'il s'en gâte dès le commencement de l'été et perd plus de la moitié de sa valeur, parce qu'il pousse. Les habitans sont privés du débit de leur vin, quoiqu'ils touchent immédiatement à un pays qui n'en récolte point ; mais il est une barrière invincible qui s'oppose au transport, c'est la ligne des traites foraines qui est à une lieue et demie d'eux. Le droit qu'on exige est de onze livres par barrique, et année commune il ne vaut pas plus de 24 l. dans les celliers (1) ; on ne peut se déterminer à vendre hors la ligne à cause des gros droits exorbitants et qu'il en resterait au fabricant presque rien

---

(1) Le vin.

de son revenu, le vin lui coûtant à peu près ce qu'il en retirerait ; c'est pourquoi il serait à propos, et pour faciliter le commerce du vin et de toutes autres denrées quelconques, de supprimer ces droits, sauf à établir la perception sur les différents confins du royaume ;

6º Observent les habitans qu'ils considèrent comme très à charge à l'Etat l'établissement de plusieurs receveurs particuliers et généraux des finances ; qu'il serait beaucoup plus avantageux que chaque municipalité fît le recouvrement des impositions qu'elle serait tenue de verser dans une caisse tenue par le bureau provincial du département, qui verserait dans celle du trésor royal ou même directement dans celle des finances ;

7º Observent aussi les habitants, que les droits de contrôle et centième denier sont très exorbitans par leur perception. Les directeurs et contrôleurs ambulants et contrôleurs des actes donnent quelle interprétation il leur plaît aux tarifs arrêtés par le feu seigneur notre Roi Louis quatorze (sic) de 1722 ; s'ils s'y trouvent autorisés par d'autres arrêts postérieurs que les fermiers généraux peuvent obtenir, ils n'en donnent aucunes connaissances au public, ce qui met les notaires et autres officiers de justice hors d'état de pouvoir les connaître. On convient qu'ils sont bien établis, mais qu'ils sont trop considérables et toujours à la charge des particuliers, qu'il conviendrait de les réduire en un seul droit, pour que l'on puisse le connaître ;

8º Que si on laissait aux municipalités le droit de faire la taxation des vingtièmes, il ne serait plus nécessaire de directeurs ni contrôleurs des vingtièmes, parce que la balance de la proportion dans cette perception se trouverait établie de manière bien différente qu'elle ne l'est et épargnerait une infinité de frais de régie qui retomberaient aux décharges des particuliers ;

9º Il est aussi un droit de servitude contre lequel les habitants osent prendre la liberté d'élever leur voix. C'est la contrainte que les seigneurs particuliers exercent pour la banalité des moulins ; c'est un droit surtout qui est le plus à la charge du peuple ; les meuniers autorisés par ce droit vexent impunément le public ; si on était assez heureux de pouvoir avoir la liberté de donner ces grains à moudre à quel moulin on jugerait à propos, les meuniers seraient plus circonspects ; ils s'attacheraient à se faire des sujets et en auraient alors plus que par la contrainte. Et les sujets éprouvent des pertes considérables de ce côté. Sur un objet de première necessité, dans un siècle aussi éclairé, il est triste de voir encore des traces de l'ancienne servitude. On espère que Sa Majesté voudra bien jeter un coup d'œil sur la présente déclaration, qui est une des plus intéressantes pour tous ses sujets ;

10º Il est un établissement nouvellement formé, qui sont les jurés-priseurs, contre lequel les sujets de Sa Majesté sont encore bien fondés à réclamer l'effet de sa bonté, pour lui obtenir la suppression. Ces places sont occupées, surtout dans les campagnes, par des personnes peu capables de les exercer, qui cependant, en vertu de leurs lettres, exigent d'être à tous les inventaires et ventes de conséquence, dans lesquelles les intérêts des parties intéressées se trouvent compromis à défaut d'une capacité suffisante dans le juré priseur. Cet établissement constitue même des parties en gros frais ; s'il se fait des ventes judiciaires loin du domicile du juré priseur, l'huissier n'y vaque point qu'au préalable il n'ait mis le juré priseur en demeure de venir la faire en lui donnant assignation en son domicile qui est quelquefois à huit ou neuf lieues de distance. Dans des familles, quand le cas de faire des inventaires et vendre des meubles se présente, les parties intéressées devraient avoir la liberté de choisir des experts, et de procéder aux ventes par des personnes aussi de leur choix ; leurs intérêts ne seraient pas compromis et elles seraient maîtresses de leurs propriétés ; pour éviter tous ces maux, il en doit résulter nécessairement une suppression totale de ces offices ;

11º Observe cette communauté que le bourg du Vigean est à deux lieues de Lisle Jourdain ; que le village de Bourpeuil, qui est de cette paroisse, qui est composé de quatre vingts feux ou environ, qui est limitrophe de Lisle Jourdain, la rivière de Vienne entre eux, il est distant de la ville du Dorat, dont la justice relève par appel, de six lieues, à pareille distance de celle de Bellac, de cinq de celle de Confolens, à pareille distance de celle de Monmorillon, à six lieues de Civray, enfin à dix lieues de Poitiers, de sorte que Lisle Jourdain est sur le centre de toutes ces villes, et par conséquent mieux à portée pour une correspondance que tous autres lieux ; aussi, y avait-il ci-devant une brigade de maréchaussée qui faisait la correspondance avec toutes les brigades des villes susnommées ; où l'avantage cette facile correspondance, Lisle Jourdain où il se tient dix foires par an et qui en sont le seul commerce, ainsi que les environs qui sont à cinq lieues de distance des brigades le plus près, y trouveraient un avantage pour contenir les vagabonds, et souvent empêcher les querelles qui ne sont que trop fréquentes, surtout les jours de foire. Cependant, malgré tous ces avantages, on a supprimé cette brigade à Lisle Jourdain, pour en placer une au bourg de Champagne-Mouton, qui n'est qu'à cinq lieues de distance de celle de Poitiers, ce qui porte un dommage notable à Lisle Jourdain, ainsi qu'à plus de vingt paroisses circonvoisines. On peut voir par cet exposé combien il serait urgent d'y en établir une brigade.

Fait et arrêté le présent cahier par nous syndic, membres et habitans de la municipalité du Vigean, les jour, mois et an que dessus et ont signé ceux qui le savent, et les autres habitans ont déclaré ne savoir signer, de ce enquis et interpellé suivant l'ordonnance.

GAUJOUX.	COTTINEAU.	MARTIN.
DUMAREAU.	DUMAREAU.	MONIEN.
		DUSSAR.

De plus, 2 signatures illisibles.

(Extrait du *Bulletin de la Société des Antiquaires de l'Ouest*, Tome I, 2ᵉ trimestre 1907.)

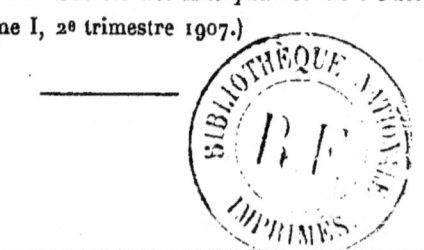

Poitiers. — Imprimerie BLAIS et ROY, 7, rue Victor-Hugo, 7.

www.ingramcontent.com/pod-product-compliance
Lightning Source LLC
Chambersburg PA
CBHW070541050426
42451CB00013B/3130